_____의 기도 노트

인도자이신 주님,

간절히 청하오니
언제 어디서나 당신께 감사드리며
항상 당신 품 안에 머물도록
저에게 은총을 내려 주소서.
아멘.

기도 일기,
매일 하느님과 대화하는 습관을 만드는 방법!

🌾 **기도는 하느님과 하는 대화입니다.**

자신의 일상을 하느님께 말씀드리고, 하느님께서 우리 안에서 말씀하시는 목소리에도 귀를 기울이면 자연스럽게 우리 삶이 기도로 봉헌됩니다.

🌾 **매일 기도하기 어려울 수도 있습니다.**

그러나 아침저녁으로 일정한 시간에 기도 내용을 기록하도록 노력해 보세요. 혹시 깜박하고 지나간 날이 있더라도 괜찮습니다. 주님은 언제라도 다시 시작하라고 용기를 주시는 분이기 때문입니다.

🌾 **기도가 습관이 될 때 기적이 일어납니다**

꾸준히 《오늘 기도 노트》를 쓰면 기도 습관을 들일 수 있습니다. 이 과정에서 하느님께서 우리에게 늘 좋은 것을 주시며, 항상 우리와 함께하심을 느낄 수 있습니다.

《오늘 기도 노트》, 이렇게 사용하세요!

step1 • 기도 날짜와 지향을 써 보세요.

'아침 기도'를 바친 뒤, 노트에 오늘 날짜와 기도 지향을 써 보세요. 하루에 한 가지만 적어도 좋고, 여러 가지 지향을 작성해도 좋습니다.

step2 • 오늘 하루 실천할 기도 계획을 작성해 보세요.

오늘 주님께 다가가기 위해 봉헌할 수 있는 기도, 독서, 선행을 떠올려 봅시다. 거창하지 않아도 괜찮습니다. 계획을 세우기 어렵다면 아래 내용을 참고하세요.

- 가톨릭 기도서에 나오는 기도문을 찾아볼까요?
- 묵주 기도나 화살 기도를 바친다면 어떨까요?
- 성경이나 영적 도서를 읽고 묵상해 볼까요?
- 간단하게 실천할 수 있는 선행에는 무엇이 있을까요?

step3 • 말씀을 묵상하고 하루를 어떻게 보낼지 생각해 봅시다.

오늘의 말씀을 읽고 잠시 묵상합니다. 우리 곁에서 말씀하시는 하느님의 음성을 마음에 새기며 오늘 하루를 어떻게 보내면 좋을지 생각해 보아요. 그리고 하루를 시작하며 바치는 기도를 적어 보세요.

step4 • 하루를 마치며 기도하는 시간을 가져 보세요.

누구에게도 방해받지 않을 공간에 앉아, 아무 생각도 하지 않고 잠시만 쉬어 봅시다. 그리고 오늘의 말씀을 다시 읽고 하루를 되돌아보아요. 묵상 후에는 하루를 마치며 바치는 기도를 자유롭게 적어 보세요.

step5 • 오늘 하루를 마무리하며 기도합니다.

오늘 노트를 작성하며 하느님과 대화를 나눴다는 사실을 잊지 마세요. 오늘 내가 겪은 행복한 일, 힘든 일 모두 주님께서 알고 계십니다. 오늘 하루 고생한 나를 스스로 칭찬해 주며, 항상 함께해 주시는 주님께 감사드려요. 이제 '저녁 기도'를 바치고 기쁜 마음으로 하루를 마감합시다.

• 《오늘 기도 노트》 작성 예시

Day1 2022 / 1 / 1 / 토

기도 지향 마음이 아픈 사람들이 얼른 치유될 수 있도록 기도합니다.

기도 계획 주모경 5회, 선행 1회, 오늘의 복음 묵상

오늘의 말씀 언제나 기뻐하십시오. 끊임없이 기도하십시오.
모든 일에 감사하십시오. 이것이 그리스도 예수님 안에서
살아가는 여러분에게 바라시는 하느님의 뜻입니다.

1테살 5,16-18

🌾 **하루를 시작하며**

주님, 요즘 주변을 돌아보면 몸과 마음이 아픈 사람이 점점 많아지는 것 같습니다. 저는 사람에게 웃음이 큰 힘이 된다는 것을 압니다. 그러니 제가 하루 종일 만나는 사람들에게 상처 아닌, 기쁨을 줄 수 있도록 도와주세요. 한번쯤 저로 인해 그들이 미소 지을 수 있도록 이끌어 주세요.

🌾 **하루를 마치며**

주님, 긴 하루를 잘 보내고 집으로 다시 돌아왔다는 사실에 감사드립니다. 오늘 마주치는 이들에게 소소하게나마 즐거움을 주는 사람이 되고 싶었는데, 정신없이 걸만 하다가 하루가 끝나 버린 것 같아요. 제가 항상 당신 안에 머무르고 있다는 점을 잊지 않고 기쁘게 살아가도록 도와주세요.

주님은 나의 목자, 나는 아쉬울 것 없어라.
푸른 풀밭에 나를 쉬게 하시고
잔잔한 물가로 나를 이끄시어
내 영혼에 생기를 돋우어 주시고
바른길로 나를 끌어 주시니
당신의 이름 때문이어라.
제가 비록 어둠의 골짜기를 간다 하여도
재앙을 두려워하지 않으리니
당신께서 저와 함께 계시기 때문입니다.
당신의 막대와 지팡이가
저에게 위안을 줍니다.
당신께서 저의 원수들 앞에서
저에게 상을 차려 주시고
제 머리에 향유를 발라 주시니
저의 술잔도 가득합니다.
저의 한평생 모든 날에
호의와 자애만이 저를 따르리니
저는 일생토록
주님의 집에 사오리다.

시편 23,1-6

아침 기도

○ 하늘에 계신 우리 아버지,
아버지의 이름이 거룩히 빛나시며
아버지의 나라가 오시며
아버지의 뜻이 하늘에서와 같이
땅에서도 이루어지소서!
● 오늘 저희에게 일용할 양식을 주시고
저희에게 잘못한 이를 저희가 용서하오니
저희 죄를 용서하시고
저희를 유혹에 빠지지 않게 하시고
악에서 구하소서.
◎ 아멘.

◎ 하느님, 저를 사랑으로 내시고
저에게 영혼 육신을 주시어
주님만을 섬기고 사람을 도우라 하셨나이다.
저는 비록 죄가 많사오나
주님께 받은 몸과 마음을 오롯이 도로 바쳐
찬미와 봉사의 제물로 드리오니
어여삐 여기시어 받아 주소서.
아멘.

✚ 우리 주 하느님께 권능과 영광
지혜와 굳셈이 있사오니
찬미와 감사와 흠숭을 영원히 받으소서.
◎ 아멘.

✚ 전능하신 하느님,
오늘도 저희 생각과 말과 행위를
주님의 평화로 이끌어 주소서.
◎ 아멘.

저녁 기도

✚ 주님, 오늘 생각과 말과 행위로 지은 죄와
의무를 소홀히 한 죄를 자세히 살피고
그 가운데 버릇이 된 죄를 깨닫게 하소서.
〈잠깐 반성한다.〉

◎ 하느님,
제가 죄를 지어
참으로 사랑받으셔야 할
하느님의 마음을 아프게 하였기에
악을 저지르고 선을 멀리한 모든 잘못을
진심으로 뉘우치나이다.
하느님의 은총으로 속죄하고
다시는 죄를 짓지 않으며
죄지을 기회를 피하기로 굳게 다짐하오니
우리 구세주 예수 그리스도의 수난 공로를
보시고 저에게 자비를 베풀어 주소서.
아멘.

○ 하느님, 하느님께서는 진리의 근원이시며
그르침이 없으시므로
계시하신 진리를
교회가 가르치는 대로 굳게 믿나이다.

● 하느님, 하느님께서는 자비의 근원이시며
저버림이 없으시므로
예수 그리스도의 공로를 통하여 주실
구원의 은총과 영원한 생명을 바라나이다.

○ 하느님, 하느님께서는 사랑의 근원이시며
한없이 좋으시므로
마음을 다하여 주님을 사랑하며
이웃을 제 몸같이 사랑하나이다.

✚ 하늘에 계신 우리 아버지,
오늘 하루도 이미 저물었나이다.
이제 저희는 구세주 예수 그리스도를 통하여
모든 천사와 성인과 함께 주님을 흠숭하며
지금 이 순간까지 베풀어 주신
수많은 사랑에 감사하나이다.
◎ 아멘.

✚ 전능하신 천주
〈십자 성호를 그으며〉
성부와 성자와 성령께서는
저희에게 강복하시고 지켜 주소서.
◎ 아멘.

Day1   /   /   /

기도 지향

기도 계획

오늘의 말씀   언제나 기뻐하십시오. 끊임없이 기도하십시오.
모든 일에 감사하십시오. 이것이 그리스도 예수님 안에서
살아가는 여러분에게 바라시는 하느님의 뜻입니다.

1테살 5,16-18

🌾 하루를 시작하며

🌾 하루를 마치며

Day2   /   /   /

기도 지향

기도 계획

오늘의 말씀   여러분이 하느님과 기도 속에서 만나기를 빕니다.
여러분이 겪는 일상의 고통 속에서 그분과 만나기를 바랍니다. 이렇게 하느님은 언제나 우리와 함께 계십니다.

김수환 추기경

하루를 시작하며

하루를 마치며

Day3   /   /   /

기도 지향

기도 계획

오늘의 말씀 내가 또 진실로 너희에게 말한다. 너희 가운데 두 사람이 이 땅에서 마음을 모아 무엇이든 청하면, 하늘에 계신 내 아버지께서 이루어 주실 것이다. 두 사람이나 세 사람이라도 내 이름으로 모인 곳에는 나도 함께 있기 때문이다.

마태 18,19-20

하루를 시작하며

하루를 마치며

Day4   /   /   /

기도 지향

기도 계획

오늘의 말씀   기도할 때 느끼는 모든 어려움은 단 하나의 문제에서 시작
됩니다. 그것은 마치 하느님이 계시지 않은 듯 기도한다는
것입니다.

예수의 데레사 성녀

하루를 시작하며

하루를 마치며

Day 5   /   /   /

기도 지향

기도 계획

오늘의 말씀   누군가에게 화가 났나요?
그러면 그 사람을 위해 기도하십시오.
그것이 바로 그리스도인의 사랑입니다.

프란치스코 교황

🌿 하루를 시작하며

🌿 하루를 마치며

Day6   /   /   /

기도 지향

기도 계획

오늘의 말씀   제 의로움을 지켜 주시는 하느님
제가 부르짖을 때 응답해 주소서.
곤경에서 저를 끌어내셨으니
자비를 베푸시어 제 기도를 들으소서.

시편 4,2

하루를 시작하며

하루를 마치며

Day7   /   /   /

기도 지향

기도 계획

오늘의 말씀   당신이 하느님을 찾고 있지만
어디에서부터 시작해야 할지 모른다면,
기도하는 것을 배우고 매일같이 기도하려고 노력하십시오.

마더 데레사 성녀

🌱 하루를 시작하며

🌱 하루를 마치며

주여, 저를 당신 평화의 도구로 써 주소서.
미움이 있는 곳에 사랑을
다툼이 있는 곳에 용서를
분열이 있는 곳에 일치를
의혹이 있는 곳에 믿음을
그릇됨이 있는 곳에 참됨을
절망이 있는 곳에 희망을
어둠에 빛을
슬픔이 있는 곳에 기쁨을
가져오는 자 되게 하소서.

위로받기보다는 위로하고
이해받기보다는 이해하며
사랑받기보다는 사랑하게 하여 주소서.

우리는 줌으로써 받고
용서함으로써 용서받으며
자기를 버리고 죽음으로써
영생을 얻기 때문입니다.

아시시의 프란치스코 성인, 〈평화의 기도〉

Day8   /   /   /

기도 지향

기도 계획

오늘의 말씀 깨어 있으십시오. 믿음 안에 굳게 서 있으십시오.
용기를 내십시오. 힘을 내십시오.
여러분이 하는 모든 일이 사랑으로 이루어지게 하십시오.

1코린 16,13-14

🌱 하루를 시작하며

🌱 하루를 마치며

Day9   /   /   /

기도 지향

기도 계획

오늘의 말씀   기도한다는 것은 세상 걱정에서 벗어나
             아버지에게 간다는 것을 뜻합니다.

                                    프리드리히 폰 보델슈빙

하루를 시작하며

하루를 마치며

Day10 　　　/　　　/　　　/

기도 지향

기도 계획

오늘의 말씀　무엇이 필요하거나 어떤 일을 할 때
　　　　　　하느님을 완전히 신뢰하십시오.
　　　　　　그러면 반드시 믿는 대로 될 것입니다.

프란치스코 살레시오 성인

하루를 시작하며

하루를 마치며

Day 11   /   /   /

기도 지향

기도 계획

오늘의 말씀 너는 기도할 때 골방에 들어가 문을 닫은 다음, 숨어 계신 네 아버지께 기도하여라. 그러면 숨은 일도 보시는 네 아버지께서 너에게 갚아 주실 것이다.

마태 6,6

🌱 하루를 시작하며

🌱 하루를 마치며

Day12   /   /   /

기도 지향

기도 계획

오늘의 말씀 "하느님, 저를 도와주십시오. 자비를 베풀어 주십시오."
하고 말하는 데 무슨 돈이나 힘이 듭니까?
이보다 더 쉬운 일이 어디 있습니까? 이 말을 자주 한다면,
이 작은 행위로도 구원받기에 충분합니다.

알폰소 마리아 데 리구오리 성인

하루를 시작하며

하루를 마치며

Day13   /   /   /

기도 지향

기도 계획

오늘의 말씀   나는 부활이요 생명이다.
나를 믿는 사람은 죽더라도 살고, 또 살아서 나를 믿는
모든 사람은 영원히 죽지 않을 것이다.

요한 11,25-26

🌾 하루를 시작하며

🌾 하루를 마치며

Day14   /   /   /

기도 지향

기도 계획

오늘의 말씀 기도는 예수님을 믿고 사랑하고 따르는 것입니다.
그러기에 우리가 부르심에 따라 살 때,
우리의 삶은 곧 기도가 됩니다.

김수환 추기경

🌱 하루를 시작하며

🌱 하루를 마치며

저의 하느님, 하느님을 사랑하나이다.
이 목숨이 다하는 날까지
오로지 하느님만 사랑하기를 바라나이다.
한없이 좋으신 하느님, 하느님을 사랑하나이다.
한순간이라도 하느님을 사랑하지 않고 사느니보다
하느님을 사랑하다 죽기를 더 바라나이다.
저의 하느님, 하느님을 사랑하나이다.
하느님을 온전히 사랑하는 기쁨을 누리고자
오직 천국만을 그리나이다.
저의 하느님, 하느님을 사랑하나이다.
하느님을 사랑하는 따스한 위로가 없기에
저는 지옥이 두렵나이다.
저의 하느님,
순간순간마다 제 혀가 하느님을
사랑한다고 말할 수 없어도
심장이 고동칠 때마다 제 마음이
주님을 사랑한다 말하기를 바라나이다.
하느님을 사랑하며 고통받고,
고통받으시는 하느님을 사랑하며,
어느 날 하느님을 사랑하나 죽는 은총을,
하느님을 사랑한다고 느끼며 죽는 은총을 허락해 주소서.
제 인생 막바지에 다가갈수록
하느님을 향한 제 사랑을 더하고 채워 주소서.

요한 마리아 비안네 성인

Day 15   /   /   /

기도 지향

기도 계획

오늘의 말씀   어떤 일에도 불안에 떨지 말고 놀라지 마십시오. 모든 것은 지나가며, 하느님만이 한결같으십니다. 끈기 있는 사람은 모든 것을 이루고, 하느님을 모시는 사람은 모든 것을 갖고 있습니다. 하느님만으로 충분합니다.

예수의 데레사 성녀

하루를 시작하며

하루를 마치며

Day16   /   /   /

기도 지향

기도 계획

오늘의 말씀   주님, 제 기도에 귀를 기울이시고
제 애원하는 소리를 귀여겨들으소서.

시편 86,6

🌱 하루를 시작하며

🌱 하루를 마치며

Day17   /   /   /

기도 지향
_____

기도 계획
_____

오늘의 말씀 하느님이 우리를 사랑하시는 것은
우리가 사랑받을 가치가 있어서가 아니라
그분이 사랑이시기 때문입니다.

C. S. 루이스

🌱 하루를 시작하며

_____
_____
_____
_____

🌱 하루를 마치며

_____
_____
_____
_____

Day18   /   /   /

기도 지향

기도 계획

오늘의 말씀 그러므로 내가 너희에게 말한다.
너희가 기도하며 청하는 것이 무엇이든 그것을 이미 받은 줄로 믿어라. 그러면 너희에게 그대로 이루어질 것이다.

마르 11,24

🌱 하루를 시작하며

🌱 하루를 마치며

Day19   /   /   /

기도 지향

기도 계획

오늘의 말씀   하느님은 모든 것을 하실 수 있지만,
저는 아무것도 할 수 없습니다.
그러나 이 무능함을 기도와 사랑으로
하느님과 연결하면 모든 것이 가능해집니다.

마더 데레사 성녀

🌱 하루를 시작하며

🌱 하루를 마치며

Day20   /   /   /

기도 지향

기도 계획

오늘의 말씀   지혜를 비추고 의지를 움직이는 데
기도, 특히 진심으로 하는 묵상 기도보다
더 효과적인 것은 없습니다.

프란치스코 살레시오 성인

🌾 하루를 시작하며

🌾 하루를 마치며

Day21   /   /   /

기도 지향

기도 계획

오늘의 말씀   희망 속에 기뻐하고
환난 중에 인내하며 기도에 전념하십시오.

로마 12,12

🌱 하루를 시작하며

🌱 하루를 마치며

주님!
주님은 얼마나 좋은 친구이신지요!
저희가 아무리 늦게 주님께 돌아가더라도
그 큰 인내심으로 끝까지 기다리십니다.
저희가 주님을 사랑할 때 기뻐하시는 것은 물론이지만
저희가 주님을 무시하고 살 때도
주님은 저희를 거절하지 않으십니다.
주님의 인내는 제 상상을 초월합니다.
기도할 때조차도 제 마음은
세속적인 관심사와 헛된 분심으로 뒤범벅이 됩니다.
하지만 주님은 단 1초의 정직한 기도라도 기뻐 받으시고
그 기도를 사랑의 씨앗으로 만드십니다.
오 주님,
저는 주님과의 우정을 이렇게 즐거워하는데
어째서 주님을 지속적으로 생각하는 것이 불가능한지요?

예수의 데레사 성녀, 〈사랑의 씨앗〉

Day22   /   /   /

기도 지향
_____

기도 계획
_____

오늘의 말씀   나 너와 함께 있으니 두려워하지 마라.
내가 너의 하느님이니 겁내지 마라.
내가 너의 힘을 북돋우고 너를 도와주리라.
내 의로운 오른팔로 너를 붙들어 주리라.

이사 41,10

🌱 하루를 시작하며

_____
_____
_____

🌱 하루를 마치며

_____
_____
_____

Day23   /   /   /

기도 지향

기도 계획

오늘의 말씀   내적으로 기도하는 동안 무엇보다 복음이 제게 말을 겁니다. 저는 저의 가련한 영혼이 필요로 하는 모든 것을 복음 안에서 발견합니다. 그 안에서 저는 언제나 새로운 사실을 깨닫고, 숨어 있는 신비로운 참뜻을 발견합니다.

아기 예수의 데레사 성녀

하루를 시작하며

하루를 마치며

Day24   /   /   /

기도 지향

기도 계획

오늘의 말씀   신앙의 뿌리가 깊이 박힌 이는 고난을 두려워하지 않습니다. 나 자신을 사랑하고 신뢰하는 이를 하느님이 내버려 두지 않으신다는 것을 알기 때문입니다.

프란치스코 살레시오 성인

하루를 시작하며

하루를 마치며

Day25   /   /   /

기도 지향

기도 계획

오늘의 말씀   우러러 당신의 하늘을 바라봅니다,
당신 손가락의 작품들을 당신께서 굳건히 세우신
달과 별들을. 인간이 무엇이기에 이토록 기억해 주십니까?
사람이 무엇이기에 이토록 돌보아 주십니까?

시편 8,4-5

하루를 시작하며

하루를 마치며

Day26   /   /   /

기도 지향

기도 계획

오늘의 말씀   만약 우리가 자신의 한계와 죄만 생각한다면,
우리는 곧바로 슬픔에 빠지고 용기를 잃을 것입니다.
그러나 주님을 오롯이 바라본다면,
우리의 마음은 희망으로 가득 찰 것입니다.

요한 바오로 2세 성인 교황

🌱 하루를 시작하며

🌱 하루를 마치며

Day27   /   /   /

기도 지향

기도 계획

오늘의 말씀 영혼이 떠나면 육체는 죽습니다.
그런데 하느님이 떠나면 영혼이 죽습니다.

아우구스티노 성인

🌿 하루를 시작하며

🌿 하루를 마치며

Day28　　　　　/　　　/　　　/

기도 지향

기도 계획

오늘의 말씀　믿음이 없이는 하느님 마음에 들 수 없습니다. 하느님께 나아가는 사람은 그분께서 계시다는 것과 그분께서 당신을 찾는 이들에게 상을 주신다는 것을 믿어야 합니다.

히브 11,6

🌱 하루를 시작하며

🌱 하루를 마치며

오소서, 성령님.
당신의 빛 그 빛살을 하늘에서 내리소서.
가난한 이 아버지, 은총의 주님
오시어 마음에 빛을 주소서.
가장 좋은 위로자, 영혼의 기쁜 손님,
생기 돋워 주소서.
일할 때에 휴식을, 무더울 때 바람을,
슬플 때에 위로를. 지복의 빛이시여,
저희 맘 깊은 곳을 가득히 채우소서.
주님 도움 없으면 저희 삶 그 모든 것
이로운 것 없으리.
허물은 씻어 주고 마른 땅 물 주시고 병든 것 고치소서.
굳은 맘 풀어 주고 찬 마음 데우시고 바른길 이끄소서.
성령님을 믿으며 의지하는 이에게
칠은을 베푸소서.
공덕을 쌓게 하고 구원의 문을 넘어
영복을 얻게 하소서. 아멘.

성령 송가

Day29   /   /   /

기도 지향

기도 계획

오늘의 말씀   나의 자녀들이여,
여러분의 마음은 작지만 기도는 그 마음을 넓혀 주어
하느님을 더욱 사랑하도록 이끌어 줍니다.

요한 마리아 비안네 성인

하루를 시작하며

하루를 마치며

Day30   /   /   /

기도 지향

기도 계획

오늘의 말씀 내가 너희에게 새 계명을 준다.
서로 사랑하여라.
내가 너희를 사랑한 것처럼 너희도 서로 사랑하여라.

요한 13,34

하루를 시작하며

하루를 마치며

Day31 _____ / _____ / _____

기도 지향 _____

기도 계획 _____

오늘의 말씀 기도한다는 것은 자신이 하는 이야기를 듣는 것이 아닙니다. 기도한다는 것은 하느님의 말씀이 들릴 때까지 고요하게 그대로 기다리는 것을 뜻합니다.

쇠렌 키르케고르

하루를 시작하며

하루를 마치며

Day32   /   /   /

기도 지향

기도 계획

오늘의 말씀   당신이 할 수 있는 일은 하고,
당신이 할 수 없는 일은 기도로 청하십시오.
그러면 당신이 그 일을 할 수 있도록
하느님이 도우실 것입니다.

아우구스티노 성인

🌿 하루를 시작하며

🌿 하루를 마치며

Day33   /   /   /

기도 지향

기도 계획

오늘의 말씀   나는 확신합니다. 죽음도, 삶도, 천사도, 권세도, 현재의 것도, 미래의 것도, 권능도, 저 높은 곳도, 저 깊은 곳도, 그 밖의 어떠한 피조물도 우리 주 그리스도 예수님에게서 드러난 하느님의 사랑에서 우리를 떼어 놓을 수 없습니다.

로마 8,38-39

🌱 하루를 시작하며

🌱 하루를 마치며

Day34   /   /   /

기도 지향

기도 계획

오늘의 말씀   우리는 숨 쉬는 것보다
더 자주 하느님을 기억해야 합니다.

나지안조의 그레고리오 성인

🌱 하루를 시작하며

🌱 하루를 마치며

Day35   /   /   /

기도 지향

기도 계획

오늘의 말씀   내가 너희에게 말한다. 청하여라, 너희에게 주실 것이다. 찾아라, 너희가 얻을 것이다. 문을 두드려라, 너희에게 열릴 것이다. 누구든지 청하는 이는 받고, 찾는 이는 얻고, 문을 두드리는 이에게는 열릴 것이다.

루카 11,9-10

하루를 시작하며

하루를 마치며

저의 주님, 저의 하느님,
당신께 다가가는 것을 가로막는 모든 장애물을
저에게서 치워 주소서.

저의 주님, 저의 하느님,
당신께로 이끄는 모든 것을
저에게 허락하소서.

저의 주님, 저의 하느님,
저에게서 저를 취하시어
온전히 당신 것으로 삼으소서.

니콜라오 데 플뤼에 성인

Day36   /   /   /

기도 지향

기도 계획

오늘의 말씀 나는 그리스도를 잊은 적이 너무나 많지만
그리스도는 나를 잊으신 적이 한 번도 없습니다.
이처럼 그분은 나와 하나가 되어 계십니다.

김수환 추기경

🌱 하루를 시작하며

🌱 하루를 마치며

Day37   /   /   /

기도 지향

기도 계획

오늘의 말씀 진정으로 기도하기를 원한다면
먼저 들을 줄 알아야 합니다.
하느님은 마음의 고요 속에 말씀하시기 때문입니다.

마더 데레사 성녀

하루를 시작하며

하루를 마치며

Day38   /   /   /

기도 지향
_____

기도 계획
_____

오늘의 말씀   주님의 가르침을 좋아하고
그분의 가르침을 밤낮으로 되새기는 사람.
그는 시냇가에 심겨 제때에 열매를 내며
잎이 시들지 않는 나무와 같아 하는 일마다 잘되리라.

시편 1,2-3

🌱 하루를 시작하며

_____
_____
_____
_____

🌱 하루를 마치며

_____
_____
_____
_____

Day39   /   /   /

기도 지향

기도 계획

오늘의 말씀   기적은 일어납니다.
하지만 기도가 필요합니다.
형식적인 기도가 아니라
용감하고 분투하며 굴하지 않는 기도가 필요합니다.

프란치스코 교황

하루를 시작하며

하루를 마치며

Day40   /   /   /

기도 지향

기도 계획

오늘의 말씀   너희가 겨자씨 한 알만 한 믿음이라도 있으면, 이 돌무화과나무더러 '뽑혀서 바다에 심겨라.' 하더라도, 그것이 너희에게 복종할 것이다.

루카 17,6

🌱 하루를 시작하며

🌱 하루를 마치며

Day41   /   /   /

기도 지향

기도 계획

오늘의 말씀   기도 속에서 하느님과 이야기를 나누십시오.
그러면 여러분의 마음은
사랑으로 풍요로워질 것입니다.

김수환 추기경

🌱 하루를 시작하며

🌱 하루를 마치며

Day42   /   /   /

기도 지향

기도 계획

오늘의 말씀 기도하기 힘들 때에도 계속해서 기도하는 것이 가장 중요합니다. 예수님의 삶과 가르침을 묵상하십시오. 하느님께 영감을 받은 말씀 안에서, 여러분은 필요한 영적 양식들을 발견하게 될 것입니다.

요한 바오로 2세 성인 교황

🌱 하루를 시작하며

🌱 하루를 마치며

주님께서는 찬미받으시리니
내가 간청하는 소리를 들어 주신 까닭이라네.
주님은 나의 힘, 나의 방패.
내 마음 그분께 의지하여
도움을 받았으니
내 마음 기뻐 뛰놀며
나의 노래로 그분을 찬송하리라.
주님은 당신 백성에게 힘이시며
당신의 기름부음받은이에게 구원의 요새이시다.
당신 백성을 구원하시고
당신 소유에 강복하소서.
그들의 목자 되시어 그들을 영원히 이끄소서.

시편 28,6-9

Day43   /   /   /

기도 지향

기도 계획

오늘의 말씀 당신께서는 힘없는 이들에게 피신처가,
곤경에 빠진 가난한 이들에게 피신처가 되어 주시고
폭우에는 피난처, 폭염에는 그늘이 되어 주셨습니다.

이사 25,4

🌱 하루를 시작하며

🌱 하루를 마치며

Day44   /   /   /

기도 지향

기도 계획

오늘의 말씀　기도 안에서 주님과 굳건하고 지속적인 관계를 유지하십시오. 그리고 하루 중에 홀로 그분과 친교를 나눌 수 있는 시간을 마련하십시오.

베네딕토 16세 교황

🌱 하루를 시작하며

🌱 하루를 마치며

Day45   /   /   /

기도 지향

기도 계획

오늘의 말씀   천상 낙원은 우리의 발이 아니라
오로지 우리의 마음을 통해서 들어갈 수 있습니다.

베르나르도 성인

🌱 하루를 시작하며

🌱 하루를 마치며

Day46   /   /   /

기도 지향

기도 계획

오늘의 말씀   주 우리 하느님은 한 분이신 주님이시다.
너희는 마음을 다하고 목숨을 다하고 힘을 다하여
주 너희 하느님을 사랑해야 한다.

신명 6,4-5

🌱 하루를 시작하며

🌱 하루를 마치며

Day47   /   /   /

기도 지향

기도 계획

오늘의 말씀   기도를 잘하게 되는 제일 좋은 방법은 꾸준히 하는 것입니다. 우리가 참으로 매일 한 시간, 최소한 30분 성체 앞에서 묵묵히 기도하면 이것이 큰 은총임을 깨닫게 될 것입니다.

김수환 추기경

하루를 시작하며

하루를 마치며

Day48   /   /   /

기도 지향

기도 계획

오늘의 말씀   행복은 우리 안에도, 우리 밖에도 없습니다.
행복은 오로지 하느님 안에만 있습니다. 그리하여 우리가
하느님을 발견하면, 행복은 도처에 있게 됩니다.

블레즈 파스칼

🌱 하루를 시작하며

🌱 하루를 마치며

Day49   /   /   /

기도 지향

기도 계획

오늘의 말씀 여러분을 부르신 분께서 거룩하신 것처럼 여러분도 모든 행실에서 거룩한 사람이 되십시오. "내가 거룩하니 너희도 거룩한 사람이 되어야 한다."고 성경에 기록되어 있기 때문입니다.

1베드 1,15-16

하루를 시작하며

하루를 마치며

아버지 하느님,
저희에게 기도하라
간곡히 타이르시며,
저희의 청을 들어주시는 분이시니,
어둠 속에서 떨리는 목소리로
올리는 제 기도를 들어주소서.
저에게 손을 내밀어 주시고,
제 앞에 당신 빛을 비추시어,
저의 방황을 멈추게 하소서.
그러면 저 자신을 찾고,
당신 안에 편안하게 쉬리이다.
아멘.

아우구스티노 성인

Day50   /   /   /

기도 지향

기도 계획

오늘의 말씀   Q. 인간이 기도하는 이유는 무엇인가요?
A. 인간은 끝없는 열망으로 가득 차 있으며, 하느님이 인간을 만드실 때 당신을 지향하도록 만드셨기 때문입니다.

《YOUCAT》 중에서

🌱 하루를 시작하며

🌱 하루를 마치며

Day51   /   /   /

기도 지향

기도 계획

오늘의 말씀   거룩한 교부들은 무릎을 꿇거나 합장하는 것과 같은 경건한 자세가 기도에 큰 역할을 한다고 생각했습니다. 이러한 자세는 우리도 모르는 사이에 우리가 하느님의 현존에 정신을 모으고, 그분을 오롯이 바라보도록 도와줍니다.

프란치스코 살레시오 성인

🌾 하루를 시작하며

🌾 하루를 마치며

Day52   /   /   /

기도 지향

기도 계획

오늘의 말씀   나는 길이요 진리요 생명이다. 나를 통하지 않고서는 아무도 아버지께 갈 수 없다. 너희가 나를 알게 되었으니 내 아버지도 알게 될 것이다. 이제부터 너희는 그분을 아는 것이고, 또 그분을 이미 뵌 것이다.

요한 14,6-7

하루를 시작하며

하루를 마치며

Day53   /   /   /

기도 지향

기도 계획

오늘의 말씀   기도는 지상 사물과 쾌락이 헛되다는 것을 드러내 줍니다.
             기도하는 사람은 빛과 힘과 위로로 가득 차고,
             천상 가정의 고요한 축복을 미리 맛볼 수 있습니다.

                                              비테르보의 로사 성녀

🌱 하루를 시작하며

🌱 하루를 마치며

Day54 　　　/　　　/　　　/

기도 지향

기도 계획

오늘의 말씀　전혀 기도하지 않는 이들을 위해서도
　　　　　　기도하는 사람들이 분명히 있습니다.

빅토르 위고

하루를 시작하며

하루를 마치며

Day55   /   /   /

기도 지향

기도 계획

오늘의 말씀   고생하며 무거운 짐을 진 너희는 모두 나에게 오너라. 내가 너희에게 안식을 주겠다. 나는 마음이 온유하고 겸손하니 내 멍에를 메고 나에게 배워라. 그러면 너희가 안식을 얻을 것이다. 정녕 내 멍에는 편하고 내 짐은 가볍다.

마태 11,28-30

🌾 하루를 시작하며

🌾 하루를 마치며

Day56   /   /   /

기도 지향 _____

기도 계획 _____

오늘의 말씀   기도한다는 것은 사랑하는 마음으로
예수님을 생각한다는 것입니다.
기도는 예수님에게 전념하는 영혼의 몰입입니다.
예수님을 더 많이 사랑할수록 기도도 더 잘하게 됩니다.

샤를 드 푸코 복자

🌿 하루를 시작하며

🌿 하루를 마치며

영광의 주님,
당신께서는 제 삶에 많은 기쁨을 가져다주셨습니다.

당신의 풍성한 축복을 제가 볼 때마다
웃음으로 당신께 감사드립니다.
배고픔으로 고통받는 어린아이들에게
먹을 것을 주는 모습을 볼 때마다
저는 눈으로 웃음 짓습니다.

당신의 부르심에 사람들이 응답하는 것을 볼 때마다
저는 입을 벌려 활짝 웃습니다.

오 주님,
제가 활짝 웃게 하시고
웃음으로 가득 채워 주소서.

그러면 저는 당신의 참된 현존을 알고
당신을 찬미하며 웃을 것입니다.

바로 이러한 놀랍고노 기쁜 웃음 때문에
감사합니다, 주님.

마더 데레사 성녀, 〈웃음을 통한 감사 기도〉

Day57 _____ / _____ / _____

기도 지향

기도 계획

오늘의 말씀   기도는 하느님을 변화시키는 것이 아니라
               기도하는 사람을 변화시킵니다.

쇠렌 키르케고르

🌾 하루를 시작하며

🌾 하루를 마치며

Day58   /   /   /

기도 지향

기도 계획

오늘의 말씀   여러분은 먹든지 마시든지,
그리고 무슨 일을 하든지
모든 것을 하느님의 영광을 위하여 하십시오.

1코린 10,31

하루를 시작하며

하루를 마치며

Day59   /   /   /

기도 지향

기도 계획

오늘의 말씀   저에게 기도란 마음을 들어 올리고
온전히 하늘을 바라보는 일이며,
시련이나 기쁨의 한가운데에서
감사와 사랑의 마음으로 외치는 일입니다.

아기 예수의 데레사 성녀

하루를 시작하며

하루를 마치며

Day60   /   /   /

기도 지향

기도 계획

오늘의 말씀   깨끗한 마음으로 하느님을 뵐 수 있는
완성의 고지에 다다를 때까지
노동과 기도로 하느님의 은총 안에서 나아가십시오.
이것이 우리 삶의 과제입니다.

아우구스티노 성인

하루를 시작하며

하루를 마치며

Day61   /   /   /

기도 지향

기도 계획

오늘의 말씀   행복하여라, 마음이 깨끗한 사람들!
그들은 하느님을 볼 것이다.
행복하여라, 평화를 이루는 사람들!
그들은 하느님의 자녀라 불릴 것이다.

마태 5,8-9

🌿 하루를 시작하며

🌿 하루를 마치며

Day62   /   /   /

기도 지향

기도 계획

오늘의 말씀   하느님은 나를,
            있는 그대로의 나를,
            지금의 나를 사랑하십니다.

                                    김수환 추기경

🌾 하루를 시작하며

🌾 하루를 마치며

Day63   /   /   /

기도 지향

기도 계획

오늘의 말씀   제 비결은 아주 간단합니다. 바로 기도입니다. 저는 기도를 통해 그리스도의 사랑과 하나가 됩니다. 기도란 그분을 사랑하는 것이며 그분과 함께 사는 것입니다. 즉 그분의 말씀을 실천하는 것입니다.

마더 데레사 성녀

하루를 시작하며

하루를 마치며

저의 스승이신 주님,
저는 날마다 당신이 필요합니다.
오로지 당신의 영靈만을 느끼는
깨끗한 양심을 저에게 주소서.

저는 귀가 멀어
당신의 목소리도 듣지 못하고,
눈이 어두워
당신의 표징도 알아보지 못합니다.

당신만이 저의 귀와 눈을 밝게 하시고
저의 마음을 깨끗하게 하십니다.

당신 발치에 앉아
당신 말씀을 듣는 법을
저에게 가르쳐 주소서.

존 헨리 뉴먼 성인

Day64   /   /   /

기도 지향

기도 계획

오늘의 말씀   주님께서 그대에게 복을 내리시고 그대를 지켜 주시리라. 주님께서 그대에게 당신 얼굴을 비추시고 그대에게 은혜를 베푸시리라. 주님께서 그대에게 당신 얼굴을 들어 보이시고 그대에게 평화를 베푸시리라.

민수 6,24-26

하루를 시작하며

하루를 마치며

Day65   /   /   /

기도 지향

기도 계획

오늘의 말씀   우리가 음식에 양념을 넣으면
우리 손이 스친 곳에서 양념의 향내가 납니다.
우리 기도에도 성모님의 손길이 스치도록 합시다.
성모님은 우리 기도를 향기롭게 만드실 것입니다.

요한 마리아 비안네 성인

하루를 시작하며

하루를 마치며

Day66   /   /   /

기도 지향

기도 계획

오늘의 말씀 성령께서도 나약한 우리를 도와주십니다. 우리는 올바른 방식으로 기도할 줄 모르지만, 성령께서 몸소 말로 다 할 수 없이 탄식하시며 우리를 대신하여 간구해 주십니다.

로마 8,26

하루를 시작하며

하루를 마치며

Day67   /   /   /

기도 지향

기도 계획

오늘의 말씀   가장 많이 기도하는 사람이
가장 많이 얻습니다.

알폰소 마리아 데 리구오리 성인

하루를 시작하며

하루를 마치며

Day68 　　　/　　　/

기도 지향

기도 계획

오늘의 말씀 　제 계획에는 없던 일이 하느님의 계획에는 있었습니다. 이런 일들이 자주 일어날수록, 하느님께 우연이란 없다는 것을 저는 더 깊이 확신하게 됩니다.

　　　　　　　　　　　　　　십자가의 데레사 베네딕타 성녀

하루를 시작하며

하루를 마치며

Day69   /   /   /

기도 지향

기도 계획

오늘의 말씀   만일 우리가 하느님과 친교를 나눈다고 말하면서 어둠 속에서 살아간다면, 우리는 거짓말을 하는 것이고 진리를 실천하지 않는 것입니다.

1요한 1,6

하루를 시작하며

하루를 마치며

Day70   /   /   /

기도 지향

기도 계획

오늘의 말씀   그리스도의 손이 십자가에 못 박혔을 때,
그분은 우리의 죄도 십자가에 못 박으셨습니다.

베르나르도 성인

🌱 하루를 시작하며

🌱 하루를 마치며

사랑하올 주님,
당신은 당신이 창조하신 것들을 너무나도 사랑하시어
그들 없이는 살아 계실 수 없는 분처럼 보입니다.
그렇게 당신은 우리를 지으셨고
우리가 당신을 떠나 돌아설 때마다
우리를 구원해 주셨습니다.

하지만 당신은 하느님이시기에
우리를 반드시 필요로 하지는 않으시겠지요.
우리 때문에 당신의 위대하심이 더욱 커지지도 않거니와
우리 때문에 당신의 힘이 더욱 강해지는 것도 아닙니다.

당신은 우리를 돌봐야 할 책임도 없으시고
우리에게 갚아야 할 빚도 없으십니다.
그런데도 우리를 돌보시고 우리를 구원하시는 것은 사랑
오직 사랑 때문이지요.

시에나의 가타리나 성녀, 〈사랑 때문입니다〉

Day71   /   /   /

기도 지향

기도 계획

오늘의 말씀   하느님을 향해서 마음을 연다는 것이
곧 기도입니다.

김수환 추기경

🌱 하루를 시작하며

🌱 하루를 마치며

Day72   /   /   /

기도 지향

기도 계획

오늘의 말씀   내 영혼아, 주님을 찬미하여라. 내 안의 모든 것들아,
그분의 거룩하신 이름을 찬미하여라. 내 영혼아, 주님을
찬미하여라. 그분께서 해 주신 일 하나도 잊지 마라.

시편 103,1-2

🌱 하루를 시작하며

🌱 하루를 마치며

Day73   /   /   /

기도 지향

기도 계획

오늘의 말씀   인간은 누구나 자신만의 영혼을 갖고 있듯이 자신만의 기도도 갖고 있습니다. 자신의 영혼을 찾는 일이 누구에게나 쉽지 않듯이 자신의 기도를 찾는 일도 쉽지 않게 느껴지기 마련입니다.

엘리 위젤

하루를 시작하며

하루를 마치며

Day74   /   /   /

기도 지향

기도 계획

오늘의 말씀   주님은 우리를 사랑하십니다. 주님을 사랑하는 것을 겁내지 마세요. 신앙은 입술과 마음으로, 말과 사랑을 통해 고백하는 것입니다.

프란치스코 교황

하루를 시작하며

하루를 마치며

Day75   /   /   /

기도 지향

기도 계획

오늘의 말씀   너희가 악해도 자녀들에게는 좋은 것을 줄 줄 알거든, 하늘에 계신 너희 아버지께서야 당신께 청하는 이들에게 좋은 것을 얼마나 더 많이 주시겠느냐?

마태 7,11

하루를 시작하며

하루를 마치며

Day76   /   /   /

기도 지향 _____

기도 계획 _____

오늘의 말씀   기도란 친구와의 대화와 다를 바 없습니다.
친구가 나를 사랑하기 때문에 나는 그와 이야기하기 위해
자주, 그리고 기꺼이 혼자서 그를 만납니다.

예수의 데레사 성녀

하루를 시작하며

_____
_____
_____
_____

하루를 마치며

_____
_____
_____
_____

Day77   /   /   /

기도 지향
_____

기도 계획
_____

오늘의 말씀   서로 죄를 고백하고 서로 남을 위하여 기도하십시오.
그러면 여러분의 병이 낫게 될 것입니다.
의인의 간절한 기도는 큰 힘을 냅니다.

야고 5,16

🌱 하루를 시작하며

_____
_____
_____
_____

🌱 하루를 마치며

_____
_____
_____
_____

기도할 때 내 마음은 바다로 갑니다
파도에 씻긴 흰 모래밭의 조개껍질처럼 닳고 닳았어도
늘 새롭기만 한 감사와 찬미의 말을
한꺼번에 쏟아 놓으면
저 수평선 끝에서 빙그레 웃으시는 나의 하느님

기도할 때 내 마음은 하늘이 됩니다
슬픔과 뉘우침의 말들은 비가 되고
기쁨과 사랑의 말들은 흰 눈으로 쌓입니다
때로는 번개와 우박으로 잠깐 지나가는 두려움
때로는 구름이나 노을로 잠깐 스쳐가는 환희로
조용히 빛나는 내 기도의 하늘
이 하늘 위에 또는 해 · 달 · 별, 믿음 · 소망 · 사랑

이해인, 〈기도할 때 내 마음은〉 중에서

Day78   /   /   /

기도 지향

기도 계획

오늘의 말씀   기도할 때 우리는,
우리가 기도를 이끌어 간다고 생각합니다.
그러나 기도의 순간에는 언제나 하느님께서
우리 안에 계시면서 기도를 주도하십니다.

요한 바오로 2세 성인 교황

🌱 하루를 시작하며

🌱 하루를 마치며

Day79   /   /   /

기도 지향

기도 계획

오늘의 말씀   사람들이 어려운 관계에 놓인 부부를 위해 조언을 청하면, "기도하고 용서하십시오."라고 대답합니다. 가족과 어려운 관계에 놓인 젊은이에게도 "기도하고 용서하십시오."라고 말합니다.

마더 데레사 성녀

하루를 시작하며

하루를 마치며

Day80   /   /   /

기도 지향

기도 계획

오늘의 말씀   이 물을 마시는 자는 누구나 다시 목마를 것이다. 그러나 내가 주는 물을 마시는 사람은 영원히 목마르지 않을 것이다. 내가 주는 물은 그 사람 안에서 물이 솟는 샘이 되어 영원한 생명을 누리게 할 것이다.

요한 4,13-14

🌱 하루를 시작하며

🌱 하루를 마치며

Day81   /   /   /

기도 지향 _____

기도 계획 _____

오늘의 말씀 우리가 인간으로 살아가기 위해서
공기와 빵, 고동치는 심장이 필요하듯이,
그리스도인이 그리스도인으로 살아가기 위해서는
기도가 필요합니다.

요한 에우데스 성인

하루를 시작하며

_____

_____

_____

하루를 마치며

_____

_____

_____

Day82   /   /   /

기도 지향

기도 계획

오늘의 말씀   우리는 우연한 진화의 무의미한 산물이 아닙니다. 우리 한 사람 한 사람은 하느님 사유의 산물입니다. 우리 한 사람 한 사람은 하느님이 뜻하시고, 사랑하시고, 필요로 하시는 존재입니다.

베네딕토 16세 교황

🌱 하루를 시작하며

🌱 하루를 마치며

Day83   /   /   /

기도 지향

기도 계획

오늘의 말씀 저는 당신의 이름을 끊임없이 찬미하고
감사의 노래를 읊었습니다.
그러자 제 기도를 들어주셨습니다.

집회 51,11

🌱 하루를 시작하며

🌱 하루를 마치며

Day84   /   /   /

기도 지향

기도 계획

오늘의 말씀   우리의 기도를 들어주실지 안 들어주실지는
많은 말을 하는 데 달려 있는 것이 아니라,
우리의 영혼이 지닌 열정에 달려 있습니다.

요한 크리소스토모 성인

🌿 하루를 시작하며

🌿 하루를 마치며

주님, 저를 온전히 받아 주소서.
저의 모든 자유와 저의 기억과 지혜
저의 모든 의지와 제게 있는 것과
제가 소유한 그 모든 것을 받아 주소서.
주님께서 이 모두를 제게 주셨으니
주님께 모두 돌려 드리나이다.

이 모든 것은 주님의 것이오니
온전히 주님의 뜻대로 처리하소서.
그리고 저에게는 주님의 사랑과 은총을 주소서.
저는 그것으로 족하나이다.

이냐시오 데 로욜라 성인

Day85   /   /   /

기도 지향

기도 계획

오늘의 말씀   기도할 때 드는 분심이나 내적인 공허감, 무미건조함, 심지어 기도에 대한 반감은 기도하는 사람이면 누구나 겪게 되는 감정입니다. 이러한 감정들을 성실하게 견뎌 내는 것 자체가 이미 기도입니다.

《YOUCAT》 중에서

🌿 하루를 시작하며

🌿 하루를 마치며

Day86   /   /   /

기도 지향

기도 계획

오늘의 말씀   누구든지 이 산더러 '들려서 저 바다에 빠져라.' 하면서, 마음속으로 의심하지 않고 자기가 말하는 대로 이루어진다고 믿으면, 그대로 될 것이다.

마르 11,23

하루를 시작하며

하루를 마치며

Day87   /   /   /

기도 지향

기도 계획

오늘의 말씀   인간의 눈에는 아무리 작게 보이는 일도
최선을 다해 행하면 하느님 눈에는
큰일을 하는 것으로 보입니다.

알칸타라의 베드로 성인

🌱 하루를 시작하며

🌱 하루를 마치며

Day88   /   /   /

기도 지향

기도 계획

오늘의 말씀   당신 삶이 언젠가 끝날 것을 두려워하지 마십시오.
오히려 당신 삶을 제대로 시작하지 못하는 것을
더 두려워하십시오.

존 헨리 뉴먼 성인

하루를 시작하며

하루를 마치며

Day89   /   /   /

기도 지향

기도 계획

오늘의 말씀   주님, 저희는 당신께 희망을 겁니다.
당신 이름 부르며 당신을 기억하는 것이
이 영혼의 소원입니다.

이사 26,8

🌱 하루를 시작하며

🌱 하루를 마치며

Day90   /   /   /

기도 지향

기도 계획

오늘의 말씀   청원 기도에는 두 가지 조건이 필요합니다.
하나는 기도를 들어주신다는 것에 대한 확신이고, 다른 하나는 각자의 계획대로 들어주실 것이라는 기대를 철저하게 포기하는 것입니다.

카를 라너

🌱 하루를 시작하며

🌱 하루를 마치며

Day91   /   /   /

기도 지향

기도 계획

오늘의 말씀   당신이 자신의 십자가를 기쁘게 짊어진다면,
그 십자가가 당신을 짊어질 것입니다.

토마스 아 켐피스

하루를 시작하며

하루를 마치며

사랑이신 주님,
이 밤에 깨어 있는 사람이나
우는 사람 모두를 지켜 주소서.
잠들어 있는 모든 사람이
자신을 당신의 천사들이
지키고 있음을 믿게 하소서.
병으로 누워 있는 사람들을 돌보시고
피곤에 지친 사람들이 쉬게 하소서.
죽어 가는 사람들을 축복하시고
슬퍼하는 사람들을 불쌍히 여기시며
기뻐하는 사람들을 지켜 주소서.
이 모든 것을
당신의 사랑으로 하소서.

아우구스티노 성인

Day92   /   /   /

기도 지향

기도 계획

오늘의 말씀   내 양들은 내 목소리를 알아듣는다. 나는 그들을 알고 그들은 나를 따른다. 나는 그들에게 영원한 생명을 준다. 그리하여 그들은 영원토록 멸망하지 않을 것이고, 또 아무도 그들을 내 손에서 빼앗아 가지 못할 것이다.

요한 10,27-28

🌱 하루를 시작하며

🌱 하루를 마치며

Day93   /   /   /

기도 지향

기도 계획

오늘의 말씀   세상이 끝나는 날에는 오직 두 부류의 사람들만이 하느님 앞에 있게 될 것입니다. 하느님께 "당신 뜻이 이루어지소서."라고 말씀드린 사람들과, 하느님으로부터 "네 뜻이 이루어지리라."라는 말씀을 들은 사람들입니다.

C. S. 루이스

하루를 시작하며

하루를 마치며

Day94   /   /   /

기도 지향

기도 계획

오늘의 말씀   우리 삶이 아무리 어둡다 하더라도
우리 중심에 예수님이 계시면 밝게 빛납니다.

프란치스코 교황

🌾 하루를 시작하며

🌾 하루를 마치며

Day95   /   /   /

기도 지향

기도 계획

오늘의 말씀   생명의 말씀을 굳게 지니십시오.
그러면 내가 헛되이 달음질하거나 헛되이 애쓴 것이 되지 않아, 그리스도의 날에 자랑할 수 있게 될 것입니다.

필리 2,16

하루를 시작하며

하루를 마치며

Day96   /   /   /

기도 지향

기도 계획

오늘의 말씀   그대가 눈앞에 있는 형제를 사랑하지 않는다면,
그대는 보이지 않는 하느님을 사랑할 수 없습니다.

아우구스티노 성인

하루를 시작하며

하루를 마치며

Day97   /   /   /

기도 지향 _____

기도 계획 _____

오늘의 말씀   나를 생각하는 모든 사람의 마음에 그리스도가 계십니다.
나를 보는 모든 눈 안에 그리스도가 계십니다.
내 말을 듣는 모든 귀 안에 그리스도가 계십니다.

파트리치오 성인

🌱 하루를 시작하며

_____

_____

_____

_____

🌱 하루를 마치며

_____

_____

_____

_____

Day98   /   /   /

기도 지향

기도 계획

오늘의 말씀 나에게 "주님, 주님!" 한다고 모두 하늘나라에 들어가는 것이 아니다. 하늘에 계신 내 아버지의 뜻을 실행하는 이라야 들어간다.

마태 7,21

🌱 하루를 시작하며

🌱 하루를 마치며

Day99   /   /   /

기도 지향

기도 계획

오늘의 말씀   우리는 죄의 원인을 피해야 합니다.
그러기 위해서는 열심히 기도하고 성사를 자주 보아야 합니다. 이를 행한다면 죄에 빠지지 않을 것입니다.

요한 마리아 비안네 성인

🌱 하루를 시작하며

🌱 하루를 마치며

Day100   /   /   /

기도 지향

기도 계획

오늘의 말씀   마음을 모아 성모님께 도움을 청하십시오.
성모님은 당신의 궁핍함을 모르는 체하지 않으실 것입니다. 그분은 자애로우시며, 참으로 자비의 어머니이시기 때문입니다.

베르나르도 성인

🌿 하루를 시작하며

🌿 하루를 마치며

주 하느님,
저는 제가 어디로 가고 있는지 전혀 알지 못합니다.
제 앞에 놓인 길이 눈에 보이지 않습니다.
그 길이 어디에서 끝날지 확실하게 알지 못합니다.
저는 제 자신을 진실로 알지 못하며,
제가 주님의 뜻을 따르는 것으로 생각한다고 해서
실제로 따르고 있는 것도 아닙니다.
하지만 주님께 기쁨을 드리고자 하는 열망은
주님을 기쁘게 해 드린다고 믿습니다.
그리고 제가 행하는 모든 일에
이런 열망이 서려 있기를 바랍니다.
저는 이런 열망 없이는 결코 어떤 일도 하지 않았으면 합니다.
그리고 제가 그렇게만 한다면
비록 옳은 길에 관해 아는 것이 없을지라도
주님께서 저를 그 길로 이끌어 주시리라는 것을 압니다.
그러기에 저는 길을 잃고 죽음의 그림자에 싸여 있을 때라도
늘 주님을 의지하렵니다.
주님께서 저와 함께 계시고 닥쳐온 위험을
저 혼자 맞서노록 버려두지 않으시니,
저는 두려워하지 않으렵니다.

토머스 머튼

오늘 기도 노트

2017년 11월 27일 교회 인가
2018년 1월 1일 초판 1쇄 펴냄
2023년 5월 3일 초판 7쇄 펴냄

지은이 · 가톨릭출판사 편집부
펴낸이 · 정순택
펴낸곳 · 가톨릭출판사
편집 겸 인쇄인 · 김대영
편집 · 박다솜, 정주화
디자인 · 강해인
마케팅 · 이승준, 임찬양

본사 · 서울특별시 중구 중림로 27
등록 · 1958. 1. 16. 제2-314호
전자우편 · edit@catholicbook.kr
전화 · 1544-1886(대표 번호)
지로번호 · 3000997

ISBN 978-89-321-1500-9 03230

값 11,000원

성경 · 교회 문헌 ⓒ 한국천주교중앙협의회

이 책은 저작권법에 의해 보호를 받는 저작물이므로 무단 전재와 무단 복제를 금합니다.

가톨릭의 모든 도서와 성물을 '가톨릭출판사 인터넷쇼핑몰'에서 만나 보실 수 있습니다.
http://www.catholicbook.kr | (02)6365-1888(구입 문의)